7

123e RÉGIMENT D'INFANTERIE

CONFÉRENCE

SUR

L'INDO-CHINE FRANÇAISE

PAR

Le Capitaine SOULIÉ

Février 1898

LA ROCHELLE
IMPRIMERIE NOUVELLE NOEL TEXIER
29, rue des Saintes-Claires

1898

123e RÉGIMENT D'INFANTERIE

CONFÉRENCE

SUR

L'INDO-CHINE FRANÇAISE

PAR

Le Capitaine SOULIÉ

Février 1898

LA ROCHELLE
IMPRIMERIE NOUVELLE NOEL TEXIER
29, rue des Saintes-Claires

1898

CONFÉRENCE SUR L'INDO-CHINE FRANÇAISE

Mon Général,

Messieurs,

Les événements diplomatiques importants qui viennent de se dérouler en Chine donnent une certaine actualité, non seulement à toutes les questions qui se rattachent au Céleste-Empire, mais aussi à celles qui concernent les pays environnants et plus particulièrement l'Indo-Chine.

J'ai réuni dans la présente conférence un ensemble de renseignements recueillis pendant mes cinq ans de séjour en Extrême-Orient, puisés aux sources les plus diverses et qui n'ont, je m'empresse de le dire, nullement la prétention d'apporter ici des idées nouvelles. Leur but est plutôt de raviver dans votre souvenir les lectures que vous avez faites sur ces différentes matières en en précisant certains points dans votre esprit. Là se borne leur ambition.

CONSIDÉRATIONS GÉNÉRALES SUR L'INDO-CHINE

L'Indo-Chine est cette vaste presqu'île qui forme la partie la plus orientale de l'Asie. Les peuples qui l'habitent sont ou tributaires de l'Angleterre comme les Birmans, dont la capitale est Mandalay sur l'Iraouaddy, ou bien ils jouissent d'une indépendance apparente comme les Siamois, ou enfin ils sont soumis à l'influence française comme les Cambodgiens, les Laotiens du bassin du Mékông et les Annamites de la Cochinchine, de l'Annam et du Tonkin.

Indépendamment des peuples cités plus haut, un grand nombre de tribus plus ou moins sauvages habitent les régions montagneuses du Cambodge, de l'Annam et du bassin du Mékông. Parmi ces tribus, se trouvent les Moïs, les Charâgs, les Banars, les Sédangs, les Méos, etc.

Je me bornerai à dire un mot de ces tribus qui, pour la plupart, appartiennent à des races bâtardes dont l'origine n'a pas été encore bien déterminée. Elles parlent des dialectes différents et vivent fort misérablement dans leurs montagnes.

Il y a huit à neuf ans qu'un aventurier de nationalité belge, je crois, du nom de Marie ou Méréna, eut la pensée quelque peu baroque de se proclamer lui-même roi des Sédangs à la suite d'une exploration qu'il avait faite dans leur pays. Ceux qui, vers cette époque, ont voyagé en Extrême-Orient, se souviennent d'avoir rencontré quelquefois, sur le pont des navires des Messageries maritimes, cette Majesté *in partibus*, qui avait signalé son avènement au trône des Sédangs en créant une décoration: l'*Etoile des Sédangs*, je crois. Inutile de dire que ce qui manquait le plus à la nouvelle royauté, c'était le nerf de la guerre, et les misérables Sédangs étaient peu disposés et peu en état de le lui fournir. Le Gouvernement français ne s'inquiéta pas de l'aventure, bien que le territoire des Sédangs fût situé dans la zone d'influence française.

Du reste, vers 1892, Méréna Ier mourut misérablement dans un hôtel d'Ostende, et on n'entendit plus parler des Sédangs.

Pourquoi la France est-elle en Indo-Chine?

Je vais essayer de répondre à cette question de la façon la plus brève.

En 1787, un prince de la famille des Nguyên qui était alors la dynastie régnante à Hué, conseillé par Mgr Pigneau de Behaine, évêque d'Adran, demanda l'appui de la France pour lui permettre de reconquérir sa couronne qu'une faction politique venait de lui ravir. Comme dédommagement, il offrait la baie de Tourane au roi de France, Louis XVI, et le petit archipel de Poulo-Condore. Un traité fut conclu, mais la Révolution française vint interrompre les relations naissantes avec l'empire d'Annam.

Toutefois, un certain nombre d'officiers et d'ingénieurs français avaient répondu à l'appel du roi dépossédé.

Deux navires marchands furent affrétés, remplis d'armes et de munitions et mis à la disposition du prétendant. Parmi ces vaisseaux se trouvait la frégate *la Méduse*, qui devait périr plus tard et dont le naufrage est resté si tristement célèbre.

L'armée et la flotte annamites furent réorganisées. Les ingénieurs français construisirent les citadelles qu'on retrouve dans le Delta et que, par un ironique retour des choses d'ici-bas, nous avons dû prendre d'assaut en 1883, 84 et 85.

Pour reconnaître les services rendus, l'empereur Gia-Long traita nos compatriotes avec les plus grands égards et les missionnaires catholiques avec la plus grande sollicitude. Il fit de l'évêque d'Adran son principal conseiller et lui fit faire de magnifiques funérailles à sa mort en 1799. Il lui fit élever dans les environs de Saïgon un mausolée qui existe encore et qui, en 1861, a été déclaré propriété nationale.

Après la mort de Gia-Long en 1820, ses successeurs, et en particulier le roi Tu-Duc, oublièrent les services rendus et se livrèrent sur les missionnaires français et espagnols à des persécutions telles que nos marins, conduits par l'amiral Rigault de Genouilly, durent bombarder plusieurs fois le port de Tourane.

C'est à la suite d'une affaire de ce genre-là, en août 1858, que le gouvernement français donna l'ordre à l'amiral Rigault de Genouilly, qui commandait la division navale des mers de Chine, d'aller bombarder le port de Tourane. Les forts annamites furent démantelés et, le 2 septembre, nous étions maîtres de Tourane. L'amiral se rendit ensuite à Saïgon, dont il s'empara le 17 février 1859. Les Espagnols faisaient partie du petit corps expéditionnaire.

En 1860, on avait dégarni Saïgon qui ne comprenait guère plus de 700 hommes de garnison, plus deux corvettes et quatre avisos mouillés dans la rivière.

Tu-Duc envoya contre nous le célèbre général annamite, Nguyên-Tri-Phuông, qui établit dans la plaine des tombeaux des lignes de circonvallation fortifiées, présentant un développement de 10 kilomètres. Ces lignes, qu'on a appelées lignes de Ki-Hoa, furent défendues avec acharnement par les Annamites, et ce ne fut qu'au retour de l'expédition de Chine, en 1861, que la petite armée franco-espagnole, renforcée par 2.500 hommes aguerris, réussit à écraser les Annamites.

Enfin, en février 1862, après une guerre difficile, que la résistance des Annamites et les maladies paludéennes rendirent glorieuse pour nos armes, le roi Tu-Duc signa un traité qui stipulait la liberté du culte pour les missionnaires et pour les chrétiens indigènes, et cédait à la France les trois provinces de Saïgon, Bien-Hoa et Mytho.

La période de conquête paraissait toucher à sa fin, mais des insurrections nombreuses furent encore à réprimer.

En 1867, trois nouvelles provinces furent cédées à la France.

Après la conquête, le gouvernement de notre nouvelle colonie fut exercé par des officiers généraux qui, investis à la fois de tous les pouvoirs civils et militaires, firent de la Cochinchine notre colonie la plus prospère.

Depuis près de vingt ans, en effet, la Cochinchine non seulement paye toutes ses dépenses civiles et militaires, mais encore elle fournit à la métropole une redevance de quinze cent mille francs, qui entre chaque année dans le budget des colonies comme chapitre des recettes.

Le gouvernement local de la Cochinchine, se préoccupant sans cesse d'étendre l'influence française autour de notre nouvelle possession, envoya des missions au Cambodge et dans le haut Mékông, et en particulier celle du lieutenant de vaisseau Doudart de Lagrée, qui fut le promoteur de notre protectorat sur le royaume de Cambodge en 1863.

En 1867, un Français, M. Dupuis, se trouvait au Yun-Nan où il se mit en relation avec le maréchal Ma, général chinois, à qui la cour de Pékin avait confié la mission de réprimer les insurrections des Taï-Pings, chinois musulmans du Yun-Nan. M. Dupuis conclut avec Ma des marchés pour la fourniture des armes et des munitions, et eut la pensée d'expérimenter le fleuve Rouge comme voie de pénétration en Chine. Il demanda, à cet effet, au gouvernement annamite l'autorisation de traverser le Tonkin, de Haï-Phong à Lao-Kay. L'autorisation lui fut accordée, mais M. Dupuis eut à lutter contre la malveillance et l'hostilité des autorités tonkinoises qui le voyaient d'un fort mauvais œil et finirent même par le dénoncer au gouverneur de la Cochinchine, qui était alors l'amiral Dupré. Celui-ci, faisant droit à cette requête, envoya alors à Hanoï le lieutenant de vaisseau Francis Garnier pour qu'il se rendît compte de la situation.

Cet officier, qui avait été le collaborateur de Doudart de Lagrée lors de l'exploration du Mékông, arriva à Hanoï vers le 5 novembre 1873 avec deux canonnières, *l'Espingole* et *le Scorpion*. Chargé de faire cesser le conflit existant entre

Dupuis et les autorités annamites, il embrassa avec enthousiasme la cause de notre compatriote. Naturellement les relations se tendirent de plus en plus avec le gouverneur annamite Nguyên-Tri-Phong, l'ancien défenseur des lignes de Ki-Hoa en Cochinchine, qui occupait la citadelle de Hanoï avec 5.000 hommes.

Francis Garnier lui envoya un ultimatum et, le 20 novembre, le gouverneur n'ayant pas répondu, les canonnières françaises s'embossèrent devant la citadelle, qui n'est distante du fleuve que de deux kilomètres environ, et en commencèrent le bombardement pendant que Garnier, avec un petit corps de débarquement, tournait la position. Trois heures plus tard nous étions maîtres de la citadelle.

Ce beau fait d'armes préluda à une conquête aussi rapide qu'inattendue de tout le Delta du Tonkin. Effrayé par ces événements, le roi Tu-Duc fit appel au concours des Pavillons-Noirs, bandes chinoises de routiers, qui faisaient de la contrebande sur le fleuve Rouge, y faisaient la police à leur profit et y percevaient les droits de douane sur tous les produits venant du Yun-Nan et *vice versa*.

D'autre part, le nombre des rebelles annamites augmentait sans cesse. Garnier fut attaqué à son tour par plus de 4.000 Pavillons-Noirs qui tentaient de reprendre la citadelle. Il les repoussa, mais il eut l'imprudence de sortir de la citadelle pour les poursuivre et tomba dans une embuscade avec le lieutenant Balny d'Avricourt. Les Pavillons-Noirs leur coupèrent la tête et en firent des trophées qu'ils promenèrent dans tout le pays.

L'amiral Dupré se décida alors à conclure un traité avec Tu-Duc en 1874, aux termes duquel l'empereur d'Annam ouvrait au commerce étranger les ports de Haïphong, Hanoï et Qui-Nhon. Tu-Duc ayant éludé presque toutes les clauses de ce traité, le capitaine de vaisseau Rivière fut envoyé en mission au Tonkin en 1882 et y prit le commandement du petit corps d'occupation qui se composait alors de quatre compagnies d'infanterie de marine, sept canons et des compagnies de débarquement du *Drac* et du *Parseval*, canonnières de haute mer qui étaient mouillées dans le fleuve.

En mai 1883, voulant rompre le cercle que formaient les Pavillons-Noirs autour de Hanoï, il sortit de la ville et se dirigea vers le village de Papier ou Giây, ainsi nommé à cause des nombreuses fabriques de papier qni s'y trouvent.

Là, au milieu des roseaux, des bambous et des cannes à sucre, il fut assailli par une multitude de Pavillons-Noirs adroitement dissimulés dans les hautes herbes et il tomba sous leurs coups avec un grand nombre de ses compagnons d'armes. Tout le monde se souvient de l'émotion profonde que produisit en France cette triste nouvelle: le drapeau de la France avait été gravement insulté. Le sang de ses soldats avait coulé. Il fallait une éclatante vengeance.

L'expédition du Tonkin fut décidée. Cette campagne allait être dirigée contre Tu-Duc, empereur d'Annam, car il était clair que c'était à son inspiration qu'avaient obéi les Pavillons-Noirs. La Chine, cependant, se préoccupait de l'action que nous allions entreprendre et son ambassadeur à Paris, le marquis de Tseng, demandait au gouvernement français l'évacuation du Tonkin. Mais il avait reçu de M. de Freycinet une fin de non recevoir absolue.

A la nouvelle de la défaite que venait de subir le petit corps d'occupation du Tonkin, le Parlement français avait voté les crédits nécessaires pour continuer les opérations dans le Delta du fleuve Rouge. Il fut décidé que le corps expéditionnaire serait porté à l'effectif de 5.000 hommes et que le général Bouët, commandant supérieur des troupes de Cochinchine, serait désigné pour prendre la direction des opérations, pendant que l'amiral Courbet, à la tête d'une division navale, devait opérer sur les côtes. M. Harmand, notre consul à Bangkok, fut nommé commissaire général civil de la République française au Tonkin, avec mission de régler les affaires civiles et politiques.

Vers le mois d'août, le général Bouët faisait une reconnaissance sur Sontay avec 1.500 hommes divisés en trois colonnes. Sur mer, l'amiral Courbet faisait tomber les défenses de la rivière de Hué. Notre ennemi Tu-Duc était mort en juillet. La cour de Hué, représentée par les Régents, demanda à traiter (25 août 1883). Mais, en même temps, le Tonkin était envahi par des Réguliers chinois qui venaient apporter aux Pavillons-Noirs des contingents plus exercés armés de fusils à tir rapide et dans les rangs desquels on crut constater, à diverses reprises, la présence d'Européens. A compter de ce moment, nous n'eûmes plus à combattre que les contingents chinois, les Annamites s'étant, du moins en apparence, retirés de la lutte.

L'amiral Courbet, investi de tous les pouvoirs et ayant reçu des renforts qui avaient porté l'effectif du corps expéditionnaire à 9.000 hommes, commença ses opérations contre Sontay le 14 décembre 1883. La lutte y fut des plus vives et, après deux jours de combat, l'ennemi fuyait en désordre abandonnant ses morts, ses blessés, ses vivres, ses munitions et une partie de son armement. Ses pertes se montaient à plus de 1.000 hommes. De notre côté, nous avions 400 hommes hors de combat, tant tués que blessés, parmi lesquels 25 officiers.

En janvier 1884, le général Millot était envoyé au Tonkin avec les généraux de brigade Brière de l'Isle et de Négrier, et une brigade d'infanterie. En février, l'amiral Courbet remettait le commandement des forces militaires au général Millot et reprenait celui de la division navale.

Je ne referai pas ici l'histoire de cette campagne du Tonkin. Je me bornerai à en citer les principales étapes : sur terre, la prise de Bac-Ninh, le 12 mars 1884, par le général Millot, par une opération combinée des brigades de Négrier et de Brière de l'Isle. Le général de Négrier poursuit les Chinois sur la route de Lang-Son et leur inflige de nouvelles pertes à Phu-Lang-Giang et Kêp. La déroute des Chinois était complète.

La Chine signa alors le premier traité de Tien-Tsin le 11 mai 1884.

En conformité de ce traité, une colonne commandée par le lieutenant-colonel Dugenne se rendait à Lang-Son pour en prendre possession, lorsqu'elle fut accueillie, le 23 juin, par des coups de fusils tirés par des Réguliers chinois, embusqués dans un défilé aux environs de Bac-Lé. On parlementa : le colonel Dugenne fit observer qu'il venait, conformément aux stipulations du traité, pour occuper la citadelle de Lang-Son. Les Chinois protestèrent, arguant qu'ils n'avaient reçu aucun ordre à ce sujet. Le conflit s'envenima et tourna à la bataille.

Les Français, écrasés par des forces supérieures, durent rétrograder. Cet acte de mauvaise foi, connu sous le nom de guet-apens de Bac-Lé, ralluma la guerre avec la Chine.

Cette nouvelle phase fut signalée, sur terre, par le siège de Tuyên-Quan où 400 hommes à peine, cnmmandés par le commandant Dominé, résistèrent pendant cinq mois à toutes les attaques de l'armée chinoise de Liou-Vinh-Phuoc, estimée à 20.000 hommes; c'est là que s'illustra le sergent Bobillot.

La délivrance de Tuyên-Quan fut précédée du combat d'Hao-Moc où l'armée chinoise s'était retranchée pour attendre l'armée de secours. Ce combat célèbre fut le plus sanglant de toute la campagne.

Enfin, tout le monde se rappelle la marche sur Lang-Son du général de Négrier, puis le combat où le général fut blessé et céda le commandement au lieutenant-colonel Herbinger en mars 1885.

Sur mer, l'amiral Courbet se couvrit de gloire à Fou-Tcheou et à Formose en août 1884 et détruisait la flotte chinoise dans le cours de l'hiver 1884-85.

La Chine se décida à signer le deuxième traité de Tien-

Tsin (avril et juin 1885), qui laissait la France libre d'agir au Tonkin.

Au mois de juin, la France faisait une perte cruelle, presque irréparable, en la personne de l'amiral Courbet qui mourait à bord du *Bayard* des suites de fatigues de tous genres qu'il avait dû supporter pendant cette pénible campagne.

L'ère des grandes opérations était terminée, mais la période la plus ingrate et quelquefois la plus pénible allait commencer, c'est-à-dire la véritable période de conquête effective et de prise de possession, et qu'on a appelée Période de la Piraterie.

Je crois devoir faire remarquer, en passant, que ce qui s'est produit au Tonkin à cet égard s'est reproduit à Madagascar dans des conditions absolument identiques.

Avant de parler de cette période qui s'étend de 1885 à nos jours, je crois qu'il n'est pas inutile de faire une plus ample connaissance avec ce peuple annamite que nous venions de soumettre à notre domination.

D'OU VIENT LE PEUPLE ANNAMITE.

Les Annamites formaient autrefois, sous le nom de Giao-Chi (doigts écartés), une des nombreuses tribus des provinces méridionales de la Chine. Les annales annamites ou chinoises représentent cette tribu comme un peuple guerrier et conquérant qui franchit les régions montagneuses du nord du Tonkin, s'avança vers le sud, soumettant à sa domination les peuples autochtones qui s'y trouvaient.

Les Annamites deviennent ainsi en plusieurs siècles les maîtres du Tonkin, de l'Annam, de la Cochinchine et même du Cambodge.

Le Siam lui-même fut, à une certaine époque, tributaire de l'empereur d'Annam.

Dans le cours de son histoire, l'empire d'Annam fut souvent vassal de la Chine; mais, à partir du XVe siècle, les empereurs d'Annam luttent sans cesse contre les invasions chinoises et l'on voit surgir de ce peuple, chétif en apparence, des soldats ardents et patriotes qui finissent par faire triompher la cause nationale.

En France, on oublie trop souvent que le peuple annamite est une unité ethnique homogène de 18 à 20 millions d'individus et qui est parfaitement indépendante de toutes celles qui l'environnent.

A QUELLE RACE APPARTIENT LE PEUPLE ANNAMITE.

Le peuple annamite présente les caractères classiques qui distinguent la race mongole : taille bien prise mais petite, front bas, évidé aux tempes, visage aplati, pommettes saillantes, nez épaté, cheveux noirs et lisses, teint variant du jaune clair au brun rouge foncé.

Les cheveux blonds et les yeux bleus sont inconnus chez les Annamites.

Les hommes portent les cheveux longs comme les femmes et se coiffent en chignons, contrairement aux Cambodgiens des deux sexes qui portent les cheveux courts, coupés en brosse.

L'Annamite se fait laquer les dents avec de la laque noire. Il chique le bétel, ce qui donne à ses dents et à ses gencives une apparence sanguinolente peu attrayante.

Au moral, l'Annamite est intelligent, gai, railleur. Il se courbe facilement devant l'autorité d'un supérieur et plie devant la force qui l'opprime, se réservant de se venger par une raillerie dès qu'il peut le faire sans danger.

Menteur, voleur et joueur sont des épithètes qu'on applique couramment aux Annamites et qui sont, il faut le reconnaître, amplement justifiées.

S'il a des défauts, l'Annamite a aussi ses qualités : il est travailleur et sobre, résistant à la fatigue, se livrant sans relâche au dur labeur de la culture des rizières.

Comme artisan, il ne manque pas d'une certaine habileté,

mais il est inférieur au Chinois et à l'Européen quand il s'agit de finir, de raffiner un travail délicat. Cependant, dans un ordre plus élevé, l'Annamite produit des ouvrages de broderies sur étoffes, de sculptures sur bois et des incrustations qui ont un cachet artistique tout à fait spécial.

Au point de vue religieux, l'Annamite pratique le bouddhisme ainsi que le culte des ancêtres.

Si nous examinons l'Annamite au point de vue de son aptitude à la guerre, nous croyons qu'il est, comme tous les peuples de race jaune, plus propre à la guerre défensive qu'à la guerre offensive. Il n'attaque pas ouvertement quiconque est réputé plus fort que lui, mais il frappe s'il peut le faire sans grand danger pour lui. Quand la lutte est engagée, il s'enfuit sans honte, dès que l'issue du combat lui paraît défavorable; mais quand il est derrière un retranchement, bien abrité, il résiste jusqu'à la dernière minute et sait mourir sans proférer un seul cri ou une seule plainte.

Les nombreuses expéditions qui ont été faites depuis dix ans contre les pirates annamites du Delta, expéditions qui, souvent, ont été très meurtrières pour nos troupes, comme celles du Yên-Thé par exemple, démontrent que l'Annamite possède d'admirables aptitudes pour la guerre de surprises et d'embuscades.

Nos tirailleurs tonkinois, dressés par des cadres français, sont devenus de bonnes troupes, infatigables à la marche et qui nous rendent de précieux services dans une foule de circonstances où le soldat européen, en raison des influences du climat, ne saurait le remplacer.

Dans le combat, les Tonkinois ont souvent rivalisé de bravoure et d'entrain avec les troupes européennes ; toutefois la présence des soldats européens est indispensable dans une action, pour développer et soutenir cette noble émulation, surtout quand les colonnes opèrent contre des bandes chinoises bien déterminées à se défendre, comme celles que nous avons eu à combattre depuis neuf à dix ans.

Gouvernement annamite et administration.

Le gouvernement annamite a son siège à Hué où se trouvent le roi et la cour. Le roi se dit "Fils du Ciel" et Père de ses sujets comme tout monarque oriental qui se respecte. Il vit dans son palais au milieu de son sérail. Le grand Conseil secret ou Comat gouverne en son nom, mais depuis quelques années les attributions de ce Conseil composé de mandarins de 1er degré ont été considérablement amoindries par la mise en vigueur de notre protectorat.

Dans chaque province, le pouvoir central est représenté par un mandarin de 2e ou de 3e degré qui gouverne la province Chaque province est subdivisée en un certain nombre d'arrondissements correspondant à nos sous-préfectures. Chaque arrondissement comprend des cantons, et chaque canton des communes.

Dans chaque commune, l'administration communale est exercée par un conseil des notables qui délègue un de ses membres ou maire pour le représenter et pour exécuter ses décisions.

La répartition des impôts se fait au chef-lieu de la province, tous les maires étant réunis. Depuis l'installation de l'administration française, les résidents français président à ce travail de répartition.

De plus, les impôts sont versés dans la caisse du percepteur de la résidence. Cette manière de procéder a eu l'immense avantage de soustraire les communes à l'insatiable cupidité des mandarins annamites dont la conscience vénale est universellement connue.

Mandarinat.

On appelle Mandarinat le corps des fonctionnaires lettrés en Annam, en Chine, au Cambodge, au Siam et en général dans tout l'Extrême-Orient.

Chez les Annamites en particulier, le Mandarinat est accessible à tous sans distinction de classes. Il suffit de satisfaire aux examens qui permettent d'obtenir des grades universitaires ayant une certaine analogie avec ceux de bachelier, de licencié et de docteur.

Les examens sont passés à Nam-Dinh tous les trois ans. C'est là que se réunissent, au Camp dit des lettrés et dans un pêle-mêle très pittoresque, tous les aspirants au Mandarinat. Il y en a de tous les âges et de toutes les conditions. On a remarqué en 1891 des candidats qui n'avaient pas moins de cinquante ans. Ces malheureux candidats perpétuels de tous les examens sont généralement ceux sans fortune et sans relations et n'ayant, par suite, pas les moyens de se concilier la bienveillance des examinateurs.

Les matières traitées dans ces examens portent principalement sur la littérature, la philosophie et l'histoire chinoises et annamites, ainsi que sur le droit et les règles de l'administration annamites.

Ces examens avaient été supprimés depuis sept à huit ans, quand arriva en Indo-Chine comme gouverneur général M. de Lanessan qui les rétablit pour montrer à la classe dirigeante qu'il entendait lui conserver sa place dans l'administration et lui redonner une partie de l'influence qui lui avait été enlevée sous ses prédécesseurs.

Cet acte de haute politique qui nous conciliait la classe des mandarins nous aliénait en même temps une partie des classes pauvres qui avaient hâte de se débarrasser de leurs fonctionnaires, auxquels ils reprochaient leurs nombreuses déprédations. Toutefois, cette politique a été suivie depuis par les successeurs de M. de Lanessan, mais un contrôle sévère a besoin de s'exercer sur les actes de l'administration indigène.

PÉRIODE DE CONQUÊTE EFFECTIVE

ET DE PRISE DE POSSESSION

SITUATION GÉNÉRALE APRÈS LA SIGNATURE DU TRAITÉ DE TIEN-TSIN

La guerre avec la Chine était officiellement terminée en 1885 par le traité de Tien-Tsin, mais il nous restait à faire la conquête réelle du pays sur les habitants rebelles et sur les bandes de pillards chinois et annamites qui infestaient à la fois le Delta et la région montagneuse. Le moment me semble venu de définir ce que l'on entend par « Pirates » en Indo-Chine. On englobe sous la dénomination générale de Pirates tous les individus qui, soit isolés, soit réunis en bandes, pillent, à main armée et au mépris des lois, les individus, les centres habités, les embarcations de rivière ou de mer et qui exploitent pour leur propre compte des portions du territoire échappant ainsi complètement à l'autorité royale.

Le plus souvent, les bandes chinoises, connues principalement sous le nom de Pavillons-Noirs et Pavillons-Jaunes, occupent, fortifient et défendent des repaires situés en région montagneuse, rocheuse et boisée au croisement de plusieurs vallées de manière à se ménager plusieurs lignes de retraite. Les repaires de Cho-Moï, Cho-Chu et Ké-Tuong qui ont joué un si grand rôle dans l'histoire de la piraterie, parce qu'ils lui servaient de refuge, sont situés en pleine région montagneuse au nord de la province de Bac-Ninh et de Taï-Nguyên. Ils avaient plus de 2.500 fusils pour les défendre. Il a fallu près de six ans de lutte pour les détruire et une occupation méthodique du pays.

Aux confins du Delta, dans le Yen-Thé, nous avons eu

aussi à extirper une résistance qui a pris parfois les apparences d'une rébellion. Notre vieil ennemi, Dé-Tham, qui, entre parenthèses, vient de faire sa soumission, nous a combattus dans les forêts du Yen-Thé en y installant des repaires fortifiés dont le siège et la prise ont été très meurtriers pour nos soldats.

Depuis notre arrivée au Tonkin, la plupart des bandes annamites ou chinoises manifestent la prétention d'agir au nom de l'indépendance nationale annamite et mues uniquement par la haine de l'étranger. Il est, d'autre part, démontré que jusqu'à ces dernières années, l'action sous main du gouvernement chinois se faisait sentir sur nos frontières et se traduisait par une infiltration chinoise à jet continu qui paralysait notre action pacificatrice au Tonkin.

Depuis trois ans environ, la Chine, voulant reconnaître le service que lui a rendu la France par son attitude dans le conflit sino-japonais, nous a fait d'importantes concessions et cherche en ce moment à favoriser notre action sur nos frontières communes.

Les résultats obtenus dans ces dernières années, dans les territoires militaires du Tonkin, font concevoir l'espérance que la pacification sera bientôt complète.

Enlèvement d'Européens par les bandes chinoises.

Pour en finir avec cette question de la piraterie, je vais dire un mot des enlèvements d'Européens qui ont été faits dans un but de lucre par les bandes chinoises dans le cours de ces dernières années.

Le premier enlèvement de cette nature remonte à 1890 et fut effectué par une bande chinoise de 800 fusils, qui s'était établie dans la région montagneuse du Dông-Trien à deux pas de Haïphong. Le chef de cette bande, nommé Liou-Ky, averti que deux Français fort riches, les frères Roque, exploitaient une importante concession dans cette région, se mit en relation secrète avec le personnel chinois qu'employaient ces colons et, grâce à cette complicité, il réussit à en faire la capture un soir que ces messieurs étaient dans leur concession, malgré la présence des quelques miliciens qui leur servaient d'escorte.

Après avoir conduit ses deux prisonniers en lieu sûr, il fit connaître au gouverneur général, M. Piquet, que, s'il tenait à la vie de nos deux compatriotes, il lui conseillait de renoncer à faire la moindre tentative pour leur délivrance.

Il prévenait en même temps que les prisonniers ne manqueraient de rien, ne seraient pas maltraités et seraient rendus à la liberté moyennant paiement d'une rançon de 200.000 piastres, ce qui représentait alors la modique somme de 800.000 francs environ. Je passe sous silence les négociations nombreuses qu'il fallut entreprendre et qui aboutirent au paiement d'une rançon de 60.000 piastres, si mes souvenirs sont exacts.

Les frères Roque furent rendus à la liberté et aussitôt après commencèrent contre la bande de Liou-Ky des opérations militaires qui n'aboutirent que deux ans après par la mort du chef pirate, tué dans une rencontre avec nos troupes. A ce moment, la bande se réfugia en Chine où elle était sûre de trouver bon accueil.

A la suite de cet événement, les Chinois, mis en goût par les 60.000 piastres des frères Roque, organisent sur les frontières de grosses bandes armées qui sont commanditées par de riches négociants chinois et qui n'ont qu'un seul but : la capture des Européens (fonctionnaires civils ou commerçants), pour obtenir une rançon. Successivement alors tombent entre leurs mains : MM. Roty, Fritz, Humbert-Droz, commerçants ; M. Vezin, entrepreneur du chemin de fer de Phu-Lang-Thuong à Lang-Son ; MM. Sabot et Carrère, employés des télégraphes ; M. Chesnay, journaliste, et des familles entières comme les Chaillet et Lyaudet.

M. de Lanessan, gouverneur général de l'Indo-Chine, ayant

consenti à payer les premières rançons, les captures menaçaient de devenir de plus en plus nombreuses, grâce à la complicité connue, notoire, des autorités chinoises de la frontière.

La situation, à ce point de vue, était très inquiétante, lorsque M. Rousseau fut nommé gouverneur général de l'Indo-Chine en janvier 1895. Au mois d'avril de cette même année, la famille Lyaudet, composée du père, de la mère et d'une petite fille, fut enlevée à Port-Vallus (île de Kébao) par une bande chinoise conduite par le chinois Lo-Man. Après un court séjour dans les montagnes, les ravisseurs poursuivis par les colonnes du colonel Chaumont, commandant le 1er territoire militaire, allèrent chercher un asile en Chine.

M. Rousseau déclara alors officiellement qu'aucune rançon ne serait plus payée à l'avenir et en même temps, prenant à partie le gouvernement chinois lui-même, il lui faisait faire des représentations énergiques et obtenait le déplacement de certains fonctionnaires du Quang-Tông ainsi que l'envoi dans cette province d'un délégué impérial.

Le chef de la bande, Lo-Man, invité à quitter la Chine, mais voulant cependant profiter de sa capture, installa un repaire au mont Panaï, situé près de la frontière, et y conduisit ses prisonniers au mois de juin 1895.

Autour de ce repaire se livrèrent en juillet et août des combats meurtriers où trois officiers furent tués et trois autres blessés. Les Chinois évacuèrent le repaire, mais repassèrent en Chine avec leurs prisonniers.

C'est alors que le général Duchemin, s'appuyant sur les résultats obtenus contre la piraterie chinoise par le général chinois Sou qui était devenu notre ami, grâce à ses bonnes relations avec le colonel Galliéni, suggéra au gouverneur général l'idée de demander au gouvernement chinois l'envoi de ce grand mandarin militaire dans le Quang-Tông où s'étaient réfugiés les partisans de Lo-Man. Cette demande fut acceptée grâce aux bonnes dispositions du gouvernement chinois pour la France.

Au mois de septembre, le général Sou partait en mission au Quang-Tông à la tête de 800 hommes, pendant que des colonnes volantes françaises échelonnées sur la frontière s'apprêtaient à donner la chasse aux pirates qui chercheraient à pénétrer sur notre territoire.

Cette action porta ses fruits et, le 8 octobre, la famille Lyaudet nous était rendue.

Depuis cette affaire, aucun nouvel enlèvement ne s'est produit, les commanditaires chinois n'y ayant, sans doute, pas trouvé leur bénéfice. De plus, une somme de cent mille francs vient d'être accordée à la famille Lyaudet par le gouvernement chinois, auquel notre diplomatie avait présenté cette demande d'indemnité.

Pour finir ce sujet, je dois ajouter que depuis trois ans des opérations militaires, très méthodiquement conduites, ont été dirigées contre les chefs de bandes de la haute Rivière claire et ont déjà donné des résultats très appréciables.

Très récemment, en décembre dernier, je crois, quelques troubles se sont produits dans les environs de Haïphong, mais ils constituent des incidents peu graves contre lesquels les milices du Delta ont suffisamment d'action. Le Delta, qui est la partie riche du Tonkin, et la plus grande partie de la région montagneuse se sont actuellement complètement pacifiés : la situation militaire paraît donc satisfaisante aujourd'hui.

ORGANISATION TERRITORIALE MILITAIRE DU TONKIN

Les résultats obtenus dans ces dernières années, dans l'œuvre de pacification du Tonkin, sont dus pour la plus grande part à l'organisation des territoires militaires. Cette organisation remonte à 1891, et voici en quoi elle consiste: toutes les régions montagneuses qui entourent le Delta ont été divisées en quatre territoires militaires commandés chacun par un colonel ou lieutenant-colonel et subdivisés chacun en un nombre variable de cercles. Les commandants de territoires ont tous les pouvoirs civils et militaires. Ils correspondent avec le gouverneur pour les affaires civiles et avec le général en chef pour les affaires militaires. Les commandants de cercles, du grade de commandant ou de capitaine, ont les pouvoirs des résidents chefs de province.

L'autorité civile administre les provinces du Delta et y fait la police au moyen de la garde civile indigène.

Toutes les troupes stationnées dans le Delta constituent les réserves au sein desquelles viennent se retremper les hommes fatigués par le séjour dans les régions malsaines. Le général ou le colonel qui commande ces troupes, ainsi que celles qui sont stationnées en Annam, prend le titre de Général ou Colonel commandant les troupes en territoire civil.

Principes qui ont présidé a l'organisation des territoires militaires.

Les principes essentiels qui ont présidé à l'organisation des territoires militaires sont:

1° Occupation des frontières par des postes et des

blockhaus en maçonnerie, proportionnés à l'importance du passage à garder ;

2o Occupation intérieure du territoire par des postes assez nombreux pouvant surveiller tous les points intéressants et se venir en aide au besoin ;

3o Création de routes le long des frontières et entre tous les postes.

CONSIDÉRATIONS ÉCONOMIQUES

L'Indo-Chine française a-t-elle un avenir économique qui puisse justifier les sacrifices consentis par la mère-patrie?

Cette question est résolue en ce qui concerne la Cochinchine qui, comme je l'ai dit plus haut, est la plus prospère de nos colonies, car non seulement elle suffit à payer une pléiade de fonctionnaires de tout ordre, mais encore elle paie ses dépenses militaires et une redevance de 1.500.000 francs à la mère-patrie.

Du Cambodge je n'en parle pas pour le moment. Quant à l'Annam et au Tonkin qui ont le même budget, leur situation financière s'améliore chaque jour. Le budget local suffit aujourd'hui à payer toutes les dépenses civiles (fonctionnaires français et indigènes, milices et travaux publics courants). Quant aux dépenses militaires, elles sont inscrites au budget des colonies sous la rubrique: « Subvention de la métropole pour l'entretien des troupes en Annam et au Tonkin. » Cette subvention pourra être réduite quand ces colonies, entièrement pacifiées, pourront reprendre leur entier développement.

Quels sont les débouchés que ces colonies offrent a notre commerce ?

Voici quelques chiffres qui peuvent répondre à la question posée :

En 1893, le chiffre des importations pour l'Annam et le Tonkin a été de 41 millions, dont 10 millions de produits français (farines, tabacs, sucre, vins, vermouths, bières, fers à T, tôles laminées, tissus, conserves, etc.). Quant aux fils de coton, ils sont d'importation étrangère, principalement de Bombay.

Quant aux exportations, elles se sont élevées à 15 millions en 1893 dont 500.000 fr. environ à destination de France. La presque totalité des produits du Tonkin est achetée par les Chinois : en premier lieu vient le riz pour une valeur de 5 millions (1 million de piculs), la soie grège ou redévidée, les huiles, les laques, les nattes en jonc, les éventails et parapluies en papier huilé, les objets de collection (broderies, incrustations), des porcs vivants, à destination de Haï-Nan, des peaux de buffles ou de bœufs, les houilles de Hon-Gây et de Kébao, à destination de Hông-Kông et de Singapoore.

Transit du Tonkin.

Le fleuve Rouge sert de voie de transit sur la Chine par Lao-Kay. En 1893, un transit d'une valeur de 8 millions s'est effectué par cette voie entre Hông-Kông et le Yunnan.

Colonisation.

L'Annam et le Tonkin, comme la Cochinchine, sont des colonies d'exploitation et non de peuplement. La principale culture est le riz. Le premier soin des agriculteurs français doit être de prendre pour base de toutes leurs opérations agricoles la production du riz, La vente en est absolument assurée, car il ne faut pas perdre de vue que plus de 600 millions d'individus en Extrême-Orient font du riz la base de leur nourriture. Avec les bénéfices réalisés sur ce produit ils pourront ensuite faire des défrichements et se livrer aux cultures dites riches (café, thé, coton, etc.).

CONCLUSION.

En résumé, le Tonkin est une belle colonie qui s'améliore sans cesse au point de vue sanitaire et au point de vue de l'installation et du confort pour les Européens. Déjà les deux principales villes, Haïphong et Hanoï, ont été dotées de l'éclairage électrique et d'un service de distribution d'eau potable à domicile. Des usines commencent à s'installer, notamment celle de M. Berthoin à Haïphong pour la préparation des jaunes d'œufs de canards servant à la ganterie française. Une filature a été installée à Hanoï par M. Bourgoin-Meiffre. Les communications entre les diverses parties du Tonkin sont facilitées par un service régulier de « vapeurs » appartenant à la compagnie subventionnée des Messageries fluviales. Un chemin de fer à voie de 1 mètre reliera bientôt Hanoï à Lang-Son et plus tard à Na-Cham et Long-Tchéou, capitale du Quang-Si. Tout fait donc espérer que la France trouvera dans ses nouvelles Indes-Orientales un champ d'action rémunérateur pour sa jeunesse. Si les générations qui ont été à la peine ne sont pas les premières à l'honneur, elles pourront au moins concevoir l'espérance, suivant un proverbe annamite, qu'en mangeant les fruits de l'arbre, les générations futures se souviendront de celles qui l'ont planté!...

La Rochelle, le 12 février 1898.

Le capitaine J.-L. SOULIÉ.

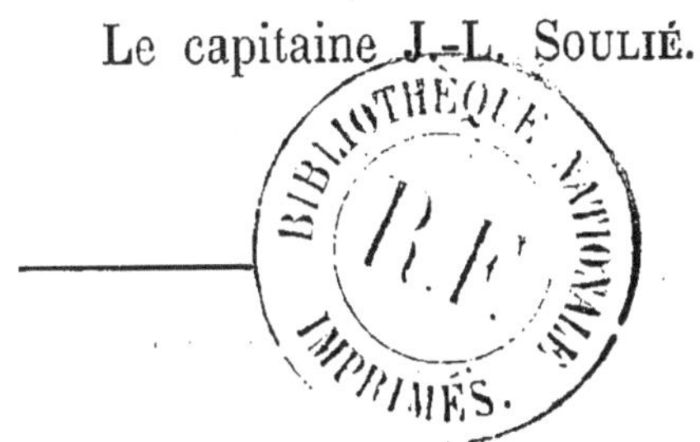

TABLE DES MATIÈRES

www.ingramcontent.com/pod-product-compliance
Lightning Source LLC
LaVergne TN
LVHW010305230826
846091LV00007BB/2717

9782012938151